I0751353

LA BATAILLE DE FONTENOY,

POËME.

QUOY, du siecle passé le fameux satirique
Aura pris dans ses mains la trompette héroïque,
Aura chanté du Rhin les bords ensanglantés,
Ses défenseurs mourans, ses flots épouvantés,
Son Dieu même en fureur effrayé du passage,
Cedant à nos ayeux son onde & son rivage?
Et vous, quand votre Roy dans nos Plaines de sang,
Voit la mort devant lui voler de rang en rang;
Tandis que de Tournay foudroyant les murailles,
Il suspend les assauts pour courir aux Batailles,
Quand des bras de l'himen s'avançant au trépas,
Son Fils, son digne Fils suit de si près ses pas;
Vous, heureux par ses loix, & grands par sa vaillance,
Français, vous garderiez un indigne silence?

Aux Champs de Fontenoy, volez, accourez tous;
Voyez ce fier Saxon qu'on croit né parmi vous,
Maurice qui touchant à l'infernale rive,
Rappelle pour son Roi son ame fugitive,
Et qui demande à Mars, dont il a la valeur,
De vivre encore un jour & de mourir vainqueur.

A

Conservez, justes cieux, ses hautes destinées;
Pour LOUIS & pour nous prolongez ses années.

Déja de la tranchée Harcourt est accouru,
Tout poste est assigné, tout danger est prévu;
Noailles pour son Roi plein d'un amour fidele,
Voit la France en son Maître & ne regarde qu'elle.
Le sang de tant de Rois, ce sang du grand Condé,
D'Eu, (1) par qui des Français le Tonnere est guidé,
(2) Pentievre, dont le zèle a devancé son âge,
Qui déja vers le Mein signala son courage,
Baviere avec de Pons, Bouflers & Luxembourg,
Vont, chacun à leur place, attendre ce grand jour;
Chacun porte la joye aux Guerriers qu'il commande,
(3) Le fortuné Danoy, Chabannes, Galerande,
Le vaillant Berenger, ce défenseur du Rhin,
Duchailat & Croissy, tous nos Héros enfin, *(a)*
Dans l'horreur de la nuit, dans celle du silence,
Demandent que l'aurore & le péril commence.
Le brave Cumberland, fier d'attaquer LOUIS,
Fait paroître déja ses bataillons hardis:
L'Escaut, les Ennemis, les remparts de la Ville,
Tout présente la mort, & LOUIS est tranquille.

(1) Grand Maître de l'Artillerie.

(2) A l'âge de 14 ans il s'étoit signalé à la Bataille de Detingue.

(3) M. Danoy fut retiré par sa mere d'une foule de morts & de mourans sur le champ de Bataille de Malplaquet.

Le signal est donné par cent bouches d'airain:
D'un pas rapide & ferme, & d'un front inhumain,
S'avance vers nos rangs la profonde colomne
Que la terreur devance, & la flâme environne,
Tel qu'un nuage épais qui sur l'aîle des vents,
Porte l'éclair, la foudre, & la mort dans ses flancs.
Les voilà ces rivaux du grand nom de mon Maître,

(*a*) On n'a pû nommer les autres Lieutenans Generaux dont les noms sont celebrés ailleurs, ou dont on a reçu la liste trop tard. Il en est ainsi des autres Officiers qui se sont signalés, & qui ont été blessés. On apprend dans le moment, que dix-neuf Officiers aux Gardes; vingt-huit Officiers du Regiment du Roi; trente-sept de la Couronne; autant dans le Regiment des Vaisseaux, &c. ont été blessés ou tués. D'ailleurs, si on avoit pû rendre justice à tous ceux qui le méritent, il eût fallu louer tous les Officiers de l'Armée, & mettre un an à composer un ouvrage qu'il a fallu faire en moins de deux jours.

Plus farouches que nous, & moins vaillans peut-être, (1)
Fiers de tant de lauriers moissonnés autrefois;
BOURBONS! voici le tems de venger les Valois.

La mort de tous côtés, la mort insatiable
Frappe à coups redoublés une foule innombrable;
Chefs, Officiers, Soldats, l'un sur l'autre entassés,
Sous le fer expirans, par le plomb renversés,
Poussent les derniers cris en demandant vengeance.
Grammont que signaloit sa noble impatience,
Grammont dans l'Elisée emporte la douleur
D'ignorer en tombant si son Maître est vainqueur.
De quoi lui servira ce Sceptre (2) de la gloire,
Ce Sceptre des Guerriers, honneur de sa mémoire?
Rangs, titres, dignités dont on est si jaloux,
La mort dans nos tombaux vous dévore avec nous.
Tu meurs, jeune Craon. (3) Que le Ciel moins sévere
Veille sur les destins de ton généreux frere!
L'intrepide Luttaux (4), de nos Français l'honneur;
(5) Puisegur & d'Auvray, Meziere, Saint Sauveur,
Sanglants, couverts de coups, roulent sur la poussiere;
Ardent à les venger le jeune Daubetere
Voit de sa légion tous les Chefs indomptés,
Sous cent coups defferens tomber à ses côtés.
Guerriers, que Chabriant avec Brancas rallie,
Vous vendez cherement une si belle vie.
Vous Daché (6) Longaunay quel sera votre sort?
Quel art peut vous sauver des ombres de la mort?
Hélas! Puis-je esperer de vous revoir encore?

Grand Dieu, que de beaux jours finis à leur aurore!
Que nos lauriers sanglans doivent couter de pleurs!
Ils tombent ces Héros, ils tombent ces vengeurs,
Ils meurent; & nos jours sont heureux & tranquilles.
La molle volupté, le luxe de nos Villes,

(1) *Peut-être* avant l'action, *sans doute* après.

(2) Le Roi lui envoya le Baton de Mareschal de France, mais il étoit expirant.

(3) Dix-neuf Officiers de son Regiment ont été tués ou blessés. Son frere le Prince de Bauvau, sert en Italie.

(4) Lieutant Général.

(5) Officiers de l'Etat Major. M. de S. Georgeaussi blessé.

(6) M. Daché (*on l'écrit* Dapchier) Lieutenant Général. M. de Longaunay Colonel de Carabiniers Aide-Major General. Il est mort depuis.

Filent ces jours ſerains, ces jours que nous devons
Au ſang de ces Guerriers, aux périls des Bourbons.
Couvrons du moins de fleurs ces tombes glorieuſes,
Arrachons à l'oubli ces ombres vertueuſes;
(1) Vous qui lanciez la foudre, & qu'ont frappé ſes coups,
Revivez dans nos chants quand vous mourez pour nous.

(1) M. Du Brocard, Lieutenant Général d'artillerie.

O ciel! pour Cumberland le Dieu Mars ſe déclare!
Le Roi voit le danger, le brave & le repare.
Son fils, ſon ſeul eſpoir: Ah! cher Prince, arrêtez,
Où portez-vous ainſi vos pas precipités.
Conſervez cette vie au monde néceſſaire.
Le Roi craint pour ſon fils, le fils craint pour ſon pere;
Nos Guerriers tous ſanglans fremiſſent pour tous deux,
Seul mouvement d'effroy dans ces cœurs genereux.

D'un (2) rempart de gazon, foible & prompte barriere,
Que l'art oppoſe à peine à la fureur guerriere,
Lavauguion & Crequi d'un indomptable effort,
Arrêtent une armée, & repouſſent la mort.
(3) Vous, qui gardez mon Roi, vous, qui vangez la France,
Vous, peuple de Héros dont la foule s'avance;
Le voici, ce moment de fixer les deſtins;
LOUIS, ſon Fils, l'Etat, l'Europe eſt en vos mains:
Maiſon du Roi! marchez, aſſurez la victoire,
Soubiſe & Pequigny vous menent à la gloire;
Renverſez ces Anglais, écraſez ſous vos coups
Ces combatans ſi fiers & ſi dignes de vous.
Richelieu, qu'en tous lieux, emporte ſon courage,
Ardent, mais éclairé, vif à la fois & ſage,
Favori de l'Amour, de Minerve & de Mars,
Richelieu vous appelle, il n'eſt plus de hazards;
Il vous appelle: Il voit d'un œil prudent & ferme
Des ſuccès ennemis, & la cauſe & le terme;
Il vole, & ſa vertu ſecondant vos grands cœurs,
Il vous marque la place où vous ſerez vainqueurs. (4)

(2) Les Redoutes.

(3) Les Gardes, les Gendarmes Chevaux-Légers, Mouſquetaires, les Grenadiers à cheval commandés par M. le Chevalier de Grille, & les Carabiniers cités avec éloge dans la lettre du Roi.

(4) Un Miniſtre d'Etat, qui n'a point quitté le Roi pendant la bataille, a ecrit ces

propres mots C'*est M. de Richelieu qui a donné ce conseil, & qui l'a executé.*

Ce valeureux (1) Danois que le Dieu des allarmes
Envoya dans la France au secours de nos armes,
Admire les Français que sa valeur conduit :
L'épouvante, la mort, la victoire le suit.
Dargenson qu'enflammoient les regards de son pere,
La gloire de l'Etat, à tous les siens si chere,
Le danger de son Roy, le sang de ses ayeux,
Attaque par trois fois ce corps audacieux,
Cette masse de feu, ces colomnes terribles,
Ces épais bataillons qui sembloient invincibles;
Il penettre, il s'enfonce à travers mille morts,
Et qui n'imiteroit de si nobles efforts?
(2) Ce brillant Escadron, fameux par cent batailles;
Lui, par qui Catinat fut vainqueur à Marsailles,
Ajoûte en ce moment à l'éclat de son nom;
Est-ce toi que je vois, jeune Castelmoron? (3)
Toy, qui touches encore à l'âge de l'enfance,
Toy, qui d'un foible bras qu'affermit ta vaillance,
Reprends ces étendards dechirés & sanglans,
Que l'orgueilleux Anglais emportoit dans ses rangs:
C'est dans ces rangs affreux que Chevrier expire;
Monaco perd son sang, & l'amour en soupire.
De ce grand Duguesclin le digne descendant
Est percé de deux traits, & tombe en triomphant.

(1) M. de Loevendal.

(2) La Gendarmerie.

(3) Un cheval fougueux avoit emporté le Porte-Etendart dans la colonne Anglaise. C'est là que M. de Chimene a rallié sa Troupe.

Chevreuse à cette attaque horible & meurtriere,
Fait voler cette troupe & si prompte & si fiere,
Qui tantôt de pied ferme, & tantôt en courant, (4)
Donne de deux combats le spectacle effrayant;
C'est ainsi que l'on voit dans les Champs des Numides,
Differemment armés des chasseurs intrepides;
Les coursiers écumans, franchissent les guerets;
On gravit sur les monts, on borde les forests,
L'un attend, l'autre vole, & de sang sont trempées
Les fleches, les épieux, les lances, les épées;

(4) Les Dragons.

Et les lions ſanglans percés de coups divers,
D'affreux rugiſſemens font retentir les airs.

Mais quel brillant Héros, au milieu du carnage,
Renverſé, relevé, s'eſt ouvert un paſſage?
Biron (1), tels on voyoit dans les plaines d'Ivry,
Tes immortels Ayeux ſuivre le Grand Henry.
Tel étoit ce Crillon, chargé d'honneurs ſuprêmes,
Nommé brave autrefois par les braves eux-mêmes,
Tels étoient ces d'Aumonts, ces grands Montmorencis,
Qui tous, dans Fontenoy, reconnoiſſent leurs fils. (2)
Tel ſe forma Turenne au grand art de la guerre,
Sous un autre (3) Saxon la terreur de la terre,
Quand la Juſtice & Mars, ſous un autre Louis,
Frappoient l'Aigle d'Autriche & relevoient les Lys.

Comment ces Courtiſans, doux, enjoués, aimables,
Sont-ils dans les combats des Lions indomptables?
Quel mélange étonnant de graces, de valeur!
Bouflers, Meuze, D'Ayen (4), Doras bouillant d'ardeur,
A la voix de LOUIS, courez, troupe intrépide.
Que les Français ſont grands quand leur Maître les guide!
Ils l'aiment, ils vaincront. L'Anglais eſt abattu,
Et la (5) férocité le céde à la vertu.
Clare avec l'Irlandois, qu'animent nos exemples,
Venge ſes Rois trahis, ſa Patrie & ſes Temples.
Peuple ſage & fidele, heureux Helvetiens,
Nos antiques amis, & nos concitoyens,
Aux manes de Dillon votre main ſacrifie
Par le feu, par le fer une foule ennemie,
Tout tombe devant nous, tout fuit ſous notre effort,
Et l'Anglais, à la fin, craint LOUIS & la Mort.

Allez, brave d'Eſtrée, achevez cet ouvrage,
Pourſuivez ces vaincus échapés au carnage;
Que du Roi qu'ils bravoient ils implorent l'appui;
Ils ſeront fiers encore, ils n'ont cedé qu'à lui.

(1) Quatre Chevaux tués ſous lui.

(2) M. de Luxembourg & M. de Logni.

(3) Le Duc de Saxe Weimar, ſous qui le Vicomte de Turenne fit ſes premieres Campagnes. M. de Turenne eſt arriere-neveu de ce grand homme.

(4) Les 2 freres, Meſſieurs Daïen & de Noailles.

(5) Ce reproche de férocité ne tombe que ſur le ſoldat, & non ſur les Officiers, qui ſont auſſi généreux que les nôtres.

Ils verront mon Héros ; ils le verront reprendre
Ces (1) murs que Malborough mit autrefois en cendre,
Ces premiers fondemens de l'Empire des Lys,
Sous ses puissantes mains désormais affermis.

(1) Tournay principale Ville des Français sous la premiere race, prise en 1709. par le Duc de Malboroug

Peuples, ne pensez point que ce jour de victoire
Soit assez pour LOUIS, & suffise à sa gloire ;
C'est peu que le front calme, & la mort dans les mains,
Il ait lancé la foudre avec des yeux serains ;
C'est peu d'être vainqueur, il est modeste & tendre,
Il honore de pleurs le sang qu'il fit répandre ;
Entouré des Héros qui suivirent ses pas,
Il prodigue l'éloge, & ne le reçoit pas ;
Il veille sur des jours hazardés pour lui plaire :
Le Monarque est un homme, & le Vainqueur un pere ;
Il daigne consoler jusqu'à ses ennemis.
Ah ! quels cœurs désormais ne lui seront soumis ?
Il va regler l'Europe, il va calmer l'Empire.

Grand Roi ! Vienne se tait, Londres pleure & t'admire ;
La Baviere confuse au bruit de tes exploits,
Gémit d'avoir quitté le protecteur des Rois ;
Naples est dans la joye, & Turin dans les larmes ;
Tous les Rois de ton sang triomphent par tes armes,
Et de l'Elbe à la Seine en tous lieux on entend :
LE PLUS CHERI DES ROIS EST AUSSI LE PLUS GRAND.

F I N.

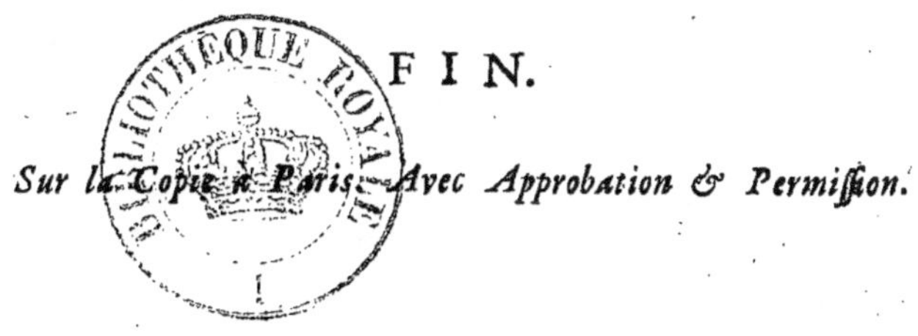

Sur la Copie à Paris. Avec Approbation & Permission.

A NOYON, De l'Imprimerie de P. ROCHER. 1745.

LE VOYAGE DE LA FRANCE A S. GERMAIN,

AVEC SES PLAINTES à la Reine, contre le Cardinal Mazarin. Et ses prieres pour la Paix, & le retour de leurs Majestez à Paris.

Par L.B.E.S.D.G.M.O.D.R.

A PARIS,

M.DC.XLIX.

+Y

(C,)

LE VOYAGE DE LA FRANCE à Sainct Germain, Auec ses plaintes à la Reyne, contre le Cardinal Mazarin. Et ses prieres pour la Paix, & le retour de leurs Majestéz à Paris.

N'ESPERE pas Muse profane,
Que pour auoir l'oreille D'ANNE,
Ie reclame icy ton secours;
La iustice de ma querelle;
Fait que toute seule i'y cours,
Pour plaider seule aussi ma cause deuant elle.
C'estoit vne Dame esplorée,
De douleur iusqu'au cœur outrée,
Que ie rencontray au chemin,
Qui va de cette grande Ville,
Droit à celle de Sainct Germain,
Qui ruminoit ces Vers, marchant d'vn pas habile.
Ses cheueux espars sur sa face,
N'empeschoient point d'en voir la grace;
Non plus que son graue maintien;
Elle n'auoit pour équipage,
Qu'vn baston blanc pour son soustien,
Et point d'autre attirail, nul Laquais, point de Page.
D'abord que ie l'eus attrapée,
Ie l'estonnay de mon espée,
Et me fit signe que le fer
Estoit son plus grand aduersaire;
Et si-tost laissa estouffer,
Ce que mesmes aux vens elle ne pouuoit taire.

Ie connus grande inquietude,
Grande haine à la seruitude,
Vn cœur vaillant & genereux;
Mais vne grand' douceur de fille;
Et son entretien gracieux
M'apprit qu'elle cherchoit à se rendre tranquille.

Que pour cet effet à la REYNE
Elle alloit raconter sa peine:
Cecy me rendit plus dispos;
Ie l'accompagne, & arriuée,
A la REYNE tinst ce propos,
Dont la suitte est icy, nullement controuuée.

Voyez, sousciileuse PRINCESSE,
Comme seule à vous ie m'addresse,
Pour vous faire entendre les cris,
Que font les Peuples & les PRINCES,
Non seulement dedans Paris,
Mais generalement dans toutes les Prouinces.

Vous seriez par trop endurcie,
Si cette parole transie
Ne vous attendrissoit le cœur;
Elle s'estend iusques aux Poles,
Tous les Estats en ont horreur;
Prestez luy donc l'oreille, & non pas les espaules.

Dedans vos vrgentes affaires,
Les repugnances populaires
Ont irrité vostre courroux;
Mais c'est l'effet de la misere,
D'vn Peuple, qu'on succe tousiours,
Et qui n'a plus dequoy vous pouuoir satisfaire.

On ne vid iamais de supplice
Estably sinon pour le vice,
Comme le prix pour la vertu:
On ne void non plus l'impuissance
Dans l'esprit sous elle abbatu
Receuoir autre non que celuy d'Innocence.

Et

Et pourtant, ô puissante REYNE!
Les Innocens sont à la chaine,
Sans l'vsage de liberté,
Hors celuy, qu'ils ont de nature,
Qui ne peut pas leur estre osté,
Sans faire à son Autheur vne trop grande injure,
Ce sont les effets d'vne haine,
Non pas de ROY, non pas de REYNE,
Mais d'vn mal-heureux Estranger,
Vn Traistre, vn perfide Ministre,
Qui pour vostre Estat rauager,
Sous ce Titre, jamais ne fut que trop sinistre.
Oüy, MADAME, c'est vn Traistre,
Qui veut vn jour se rendre Maistre
De tout ce florissant Estat;
Et n'y aura point d'artifice.
Qu'il n'engage à cét attentat,
Sous pretexte toûjours de vous rendre seruice.
Pour soûtenir ses entreprises,
Par luy les Finances sont prises;
Il enleue la nuict des Roys
Nostre ROY de sa grande Ville,
Qui fut toûjours de nos bons Roys
Le plus present secours, & le plus fort azyle.
Et poussant plus auant l'ouurage,
Il veut faire sentir sa rage
A ces Nobles Parisiens,
Il les veut auoir par famine,
Comme si les Siciliens
Estoient plus riches qu'eux, en bleds ou en farine,
Car déja les Troupes venuës
Des Estrangeres avenuës,
Où elles estoient pour le Roy,
Et tout ce qu'il a dans ses Gardes,
Viennent tout mettre en desarroy;
Et on ne void plus rien, que ces Troupes pillardes,

On saisit les Bourgs & Villages,
On bousche aussi-tost les Passages;
On veut donner vn frein à l'Eau,
Pour empescher que la Riuiere
Porte à Paris aucun Batteau,
Et ne luy rende plus son secours ordinaire.
Paris surpris, ferme ses portes,
On se deffend de ces Cohortes:
Et pour soulager des milliers
D'vn Peuple qui craint la famine,
On trouue d'Illustres Guerriers,
Qui repoussent l'effort des Troupes Mazarines.
Le veritable Sang de France
Prend le party de l'Innocence,
Conty, Longueville, Beaufort,
Auec eux Elbeuf & la Motte,
Et d'autres qui par leur effort,
Ont fait aux grands Conuois iusqu'à Paris escorte:
Puis Dieu qui les Innocens vange,
Du costé de Paris se range;
Il permet vn deluge d'eaux,
Qui ayans emporté les Digues,
Laisse le passage aux Batteaux,
En vins, bleds, bois, & foins, plusque jamais prodigues.
Ainsi vous voyez, Grande REYNE,
Que toute la plus grande peine,
Que le peuple peut ressentir,
N'est pas la disette de viure,
Mais d'auoir sceu le ROY partir,
De nuict, & enleué, & ne l'auoir pû suiure.
De ce bon PRINCE on plaint l'Enfance,
On se plaint que vostre presence
Ait esté à l'Enleuement,
Cela faisant aux Peuples croire,
Que vous prestiez consentement
Au rapt de ce voleur perfide & sanguinaire.

Cecy ternira vostre gloire,
Il alentira la memoire,
De vostre haute Pieté;
Et puis sçachant que cét Infame
Est ennemy de Chasteté,
La vostre auroit bien peine à s'exempter du blâme.
Quoy qu'on n'ait point de méfiance
De vostre chaste conscience,
Parfois pourtant certains Esprits
Se forment diuerses pensées,
Dont toûjours ils restent épris,
Iusqu'à ce qu'ils en voyent l'apparence effacée.
C'est ce beau Cardinal de Rome,
(Fust-il bon Docteur de Sorbone)
Qui vous expose à cét affront;
Quoy qu'on n'ait pas cette creance;
Et puis tout l'Estat sçait au fond,
Qu'en cela vous n'auez que trop de Con science.
Les autres Princes par maxime,
Prés de luy fomentent son Crime,
Et sous vn tiltre specieux,
Prestans la main à son caprice,
Ils le font plus ambitieux,
Et moins capable encor'd'écouter la Iustice.
Et cependant ce Grand Ministre,
Qui fut jadis vn petit Cuistre,
Se voyant ainsi maintenu;
Gaste plus l'Estat par ces Pestes,
Que dix Roys qui l'ont soustenu,
N'ont pû faire de bien par toutes leurs Conquestes.
Dehors, il fomente les Guerres;
Dedans, nos Villes, & nos Terres
Par luy sont en confusion:
Il vous charme; Il endort vos Princes;
Et donne à son ambition
Le sang de vos Subjets de Paris, des Prouinces.

On void les Villes desolées,
Tant de belles Maisons pillées,
Tout le Commerce renuersé;
Le sang d'vn Frere par vn Frere,
D'vn Pere, par le Fils versé.
Voila ce que produit ce braue Ministere.
Les embrazemens des Villages,
Les Viols, Blasphémes, Carnages,
Les Vols aux Villes comme aux Champs;
Toutes vos Finances taries,
Sont de ce Ministre méchant
L'effet qu'ont suggeré ses hautes barbaries.
Les vrais Tuteurs de la Iustice
Ont esprouué ses artifices:
Et personne, hors les Maltoutiers,
Ne peut dire que l'Eminence
N'ait de son bien plus des deux tiers,
S'il n'a pû sur son sang exercer sa vengeance.
Mais bien plus! Car son impudence
A monté jusqu'au sang de France,
Voulant étouffer de nos Roys
Ces Surgeons, par tout tant Illustres:
Et pour mieux établir ses loix,
Oster tout ce qui fait de l'ombrage à son lustre.
Ces Arcs-boutans de la Couronne,
Qui sont prés de vostre Personne,
Dont quelques-vns contre l'Estat,
Fomentent toutes ses malices,
Pourront sentir son attentat,
Et vn jour éprouuer sur eux ses artifices.
Cela est peu à son courage,
Il veut qu'on ressente sa rage
Iusqu'aux Lieux consacrez à DIEV,
Les Filles y sont violées,
Sans respect du Voile & du lieu,
Et pour sa passion la pluspart enleuées.

Et

Et ce qui fait horreur à dire ;
Sans crainte de prouoquer l'ire
Du Pere commun des Mortels;
On met sous les pieds les Reliques ;
De la dépoüille des Autels,
On a veu reuestir de sales Impudiques.

Mais on void que ces detestables
De nos Temples font leurs Estables;
On void par vne impieté,
Qui passe la diabolique,
Mettre aux pieds la Diuinité,
Sans craindre de là haut vn chastiment tragique.

L'Histoire vn iour en fera lire,
Plus qu'à present ie n'en peux dire ;
Ny ceux là n'en diront assez,
Qui restent encor sur la terre;
Ny ceux qui desia trespassez
Criminels aux Enfers, sont depuis cette Guerre.

Helas pitoyable REGENCE!
Qu'vne effrenée licence,
S'attaque à la Diuinité:
Apres cela que peut-on plaindre?
Le vol, viol, feu, pauureté,
Famine, Peste & Mort, seront tousiours à craindre.

Hé! qui n'aura encores crainte,
Que ce Tyran sous quelque feinte
Ne fasse esloigner nostre ROY;
Et que lors nous voyans sans Pere,
Il fasse vne nouuelle Loy,
Cruelle à ses Subjets, & honteuse à sa Mere?

Pourquoy cette enorme despence,
Pourquoy nos Iustes hors de France,
Par ce Larron de Cardinal ;
Deuons nous pas craindre, MADAME,
Qu'il traicte ainsi l'Original
Pour paruenir au but qu'il propose en son ame?

Hé! pourquoy tant de Tyrannie?
A quoy bon cette felonnie?
Du moins vn dessein si profond
Tend à mettre l'Estat en pieces,
Afin d'en attraper le fond,
Et faire à vos Enfans des Femmes de ses Niepces.
Et quand DIEV qui deffend la France
Reprimera cette arrogance:
Tousiours ces exploits belliqueux
Auront fait vn petit Monarque,
Qu'on nommera le ROY des Gueux,
Aisé à l'Estranger d'enleuer de sa Barque.
Voyla ce que vostre REGENCE,
Aura souffert de l'Eminence:
Voyla les merueilleux secours
Que vous aurez de son seruice,
D'auoir perdu en peu de jours
Vn Estat florissant pour suiure son caprice.
DIEV destourne cette tempeste
De nostre Estat; de vostre teste,
Il y a desia trop de temps,
Que nous suiuons la Monarchie:
Nous serons tousiours bien contens,
De ne point éprouuer l'Estat d'Oligarchie.
DIEV nous preserue de l'injure,
Que dedans cette conjoncture,
Nous feroit ce Sicilien:
Ce vray Diable de Nature,
Où tout au moins Magicien,
Faisant pis qu'vn Demon sous vostre couuerture.
Le plus grand malheur de l'affaire,
Est que l'on veut tousiours vous taire
Le mal, qu'on fait sous vostre nom:
Les flatteurs vous perdent, MADAME,
Il mettent bas vostre renom,
Et DIEV sçait, si ce mal n'ira point iusqu'à l'ame.

I'y suis par trop intereſſée,
Pour vous y laiſſer enlacée,
En déguiſant la verité;
Moy qui ſçait que voſtre clemence,
D'vne ſimple temerité,
N'euſt jamais exigé ſi rude penitence.
Vous ne voyez pas tous les glaiues
Qui font les Orphelins & Vefves;
Qui rempliſſent nos Hoſpitaux,
D'où tant des plaintes ſans pareilles,
Reſſonnent juſqu'à vos portaux,
Et n'ont encore pû atteindre vos oreilles.
Ouurez-les; & plus exorable,
Oyez qu'on dit aille au Diable,
Au Diable, le Cardinal!
Puis qu'il n'eſt venu dans la France
Que pour y faire tant de mal,
Et ternir pour jamais l'éclat de la Regence.
Sont les vœux qu'vne Populace,
Peut faire dans telle diſgrace,
En plaignant ſon affliction;
Et chercher en ce qui luy reſte,
Vn peu de ſatisfaction,
Souhaitant loin l'Auteur d'vn mal-heur ſi funeſte.
Il eſt vray que jamais de Rome
Ne vint vn plus mal-heureux homme;
Pour vous, MADAME, ayez égard,
Que dans ce cruel Miniſtere,
Vous n'ayez pas la moindre part;
Car on feroit pour vous vne meſme priere.
Pour preuenir cette diſgrace,
Accordez à la Populace,
Mais accordez à tout l'Eſtat,
Vne PAIX tellement certaine,
Qu'on ne craigne point de reſtat,
Qui laiſſe en quelques cœurs contre vous de la haine.

Commencez, s'il vous plaist, MADAME,
Par chasser de vous cét Infame,
Et que jamais dedans l'Estat
On en ait la moindre memoire,
Qu'il aille à son Cardinalat,
Donner sujet pour luy d'vne meilleure Histoire.
Suyuez l'avis de tant de Sages,
Qui ressentoient bien ces presages,
Quand ils ont ensemble arresté,
Que nul Estranger dans la France
N'auroit auec la Majesté
Aux affaires d'Estat, ny voix, ny Intendance.
S'il veut auoir vne Couronne,
Qu'il aille conquerir à Rome,
Celle-là de la Papauté,
Il aura de quoy satisfaire
A cette grande auidité,
Qui de tous les Estats la rendu aduersaire.
Toutes fois, Non. Que ce bon homme
Ne soit point fait Pape de Rome,
Ses Ministeres interdicts,
Pourroient de nous tirer vengeance,
En nous fermant le Paradis,
Du moins n'aurions nous iamais plus d'Indulgence.
Qu'il soit où vous voudrez, MADAME,
Pourueu qu'il se rencontre vne Ame
Hors de la resolution,
De le traitter comme il merite;
Ie n'en seray pas caution,
Car tous le voudroient voir cõme vn autre Hippolyte.
Que s'il trouue vn lieu d'asseurance,
Qu'il abandonne la REGENCE,
Qu'il nous laisse en Paix desormais
Il n'y deuroit pas auoir peine,
On sçait qu'il ne l'ayma iamais
Et toûjours témoigna luy porter de la haine.

Que

Que Condé son grand Tutelaire,
Son Protecteur si salutaire,
L'enferme dans son Chasteau-Roux,
Dans Mourre, ou dans la Tour de Bourge,
Là il fuïra le courroux
Des Peuples animez, si jamais il n'en boûge.
Mais sur tout qu'il rende à la France,
Ce qu'il a volé de Finance,
Et si par ses fortes raisons,
A quelque Royaume il aspire;
Que dans les Petites-Maisons
Il aille pour jamais établir son Empire.
Et toûjours écoutez ces Sages,
Interessez aux avantages
Du Roy, de Vous, & de l'Estat;
Iamais plus d'Estrangers en France,
Pour y tailler du Potentat,
Et plonger vos Subjets dans la mer de souffrance.
Ce sont ces Senateurs Augustes,
A qui ne faut point tant de Iustes,
Les vrais Protecteurs de nos Rois,
Qui pour gloire de leur seruice,
N'ont que la pratique des Loix,
Et rendre à vn chacun, selon Dieu, la Iustice.
Puis ramenez nostre MONARQVE;
Sans vous deux, cette grande Barque,
Ne croira iamais estre au port:
Elle craindra le mesme orage,
Si vous ne faites vn effort,
Pour l'asseurer qu'elle est ce coup hors du Naufrage.
Nous voulons voir ces beaux Visages,
Que durant l'Hyuer, les nuages
Nous ont si tristement caché:
Pardonnez à cette tendresse;
C'est là vn innocent peché,
Que ne blâma jamais vne bonne Princesse.

La PAIX qui du Ciel est la Fille,
Sans vous (les Dieux de cette Ville,
Les Dieux de ce puissant Estat)
Aura peine de nous paroistre,
Personne n'en fera estat,
Si vous ne l'amenez pour la faire connoistre.
Paris, est vn grand Corps sans vie,
Depuis que l'Ame en fut rauie;
Il faut, pour le ressusciter,
Reuenir au plustost, MADAME,
Et faire auec vous raporter
Nostre Roy, vostre Fils, son amour & son Ame.
Ainsi le Prophete Elisée,
Par la Sunamite affligée,
Requis de voir son Enfant mort,
Va chez elle en propre personne,
Où tirant de ce triste sort
L'Enfant priué du jour, l'Esprit il luy redonne.
Faites-nous vn juste partage
De cét ENFANT, nostre heritage,
Puisque par vn vœu ordonné,
Qu'il pleust à Dieu vous faire Mere:
Apres vingt ans il l'a donné,
A nos ardens souhaits, à nos justes prieres.
Vous sçauez la réjoüissance,
Qu'on receut à cette Naissance;
Ce DAVPHIN fit toute la joye,
Qui deuoit dissiper la Guerre,
Et d'vne generale PAIX,
Arborer l'Estendart dessus toute la Terre.
Paris n'a ses portes fermées,
Que pour repousser les Armées,
De tous ces illustres Bourreaux;
Et si se deffendre est vn crime,
Ils ont desia de leurs cousteaux
Noyé dedans le sang, mainte & mainte Victime.

Mais si c'est auec innocence,
Si c'est pour conseruer la France,
Et pour fuir l'oppression,
D'vn Vsurpateur tyrannique,
Ce n'est plus lors Rebellion,
Mais de nostre vertu, vne illustre pratique.
Nos cœurs pendant tous ces outrages,
Ne vous font pas moins leurs hommages:
Au Roy ils sont tousiours ouuerts,
A Vous, & à tous nos bons Princes,
Du sang des Ennemis couuerts,
Pour le bien de Paris, pour le bien des Prouinces.
Venez donc dedans vostre Ville,
Nous verrons la Guerre Ciuile
Aussi tost dedans le tombeau:
Les membres de ce grand Empire
Se restabliront de nouueau,
Luy apportant la Paix, vous serez son grand Mire.
Soyez à nos souhaits propice,
Et l'on reuerra la Iustice
Regner sous Vous plus que jamais,
La Religion eclypsée
Prendra son lustre desormais,
Et le beau temps viendra, la tempeste passée.
Vous restablirez le Commerce;
Vous remplirez tout d'allegresse;
Vous tirerez d'oppression
L'Innocent, qui seruoit de marche
A ce Gouffre d'ambition,
Pour vsurper sur Vous la premiere démarche.
Vous chasserez tous nos desastres:
Il semble desia que les Astres,
Nous rendent leurs plus doux aspects:
Les Elemens & la Nature,
Pour joindre auec nous leurs respects,
Tapissent les chemins d'vne gaye verdure.

L'Avril n'eut jamais tant de Roses,
Que vos Lys en verront d'éclôses,
Pour vn bon-heur si solemnel;
Et iamais les Ames bien nées
N'adresserent à l'Eternel,
De plus ardens souhaits, que pour ces Destinées.
O! que vous serez glorieuse;
Que la France sera heureuse:
Le Roy & Vous, nos beaux Vainqueurs,
Trouuerez comme dans vn Louure,
Des Trônes au fond de nos cœurs,
Qu'vn amour violent en Vous attendant, ouure.
Apres vos Peuples sous les Armes,
N'auront iamais de plus grands charmes,
Que d'aller sur les Ennemis
Porter l'Authorité Royalle,
Afin que les ayans soûmis,
Ils les fassent signer vne Paix Generalle.
Ainsi finit la Noble Dame,
Ayant ce qu'elle auoit dans l'ame
A la PRINCESSE déchargé:
Ie connus que c'estoit la FRANCE,
Par son habit de Lys chargé,
Qu'elle auoit découuert pour auoir Audiance.
La REINE, qu'vne douleur viue
Auoit rendu fort attentiue,
Tira du cœur quelque soûpir;
Puis dans son Cabinet l'emmene:
Et moy tout pressé de partir,
Je vins, & comme vous, j'attens qu'elle reuienne.

FIN.

www.ingramcontent.com/pod-product-compliance
Lightning Source LLC
LaVergne TN
LVHW020630110826
845149LV00004B/1135

* 9 7 8 2 0 1 9 1 8 4 5 6 8 *